FARBTEST

Vielen Dank für die Auswahl dieses Malbuchs.
Ich hoffe du wirst Spaß haben.

Fröhliche *Weihnachten*

Fröhliche Weihnachten

Fröhliche Weihnachten

Fröhliche Weihnachten

Fröhliche Weihnachten

Fröhliche Weihnachten

Fröhliche Weihnachten

Fröhliche   Weihnachten

Fröhliche Weihnachten

Fröhliche Weihnachten

Fröhliche Weihnachten

Fröhliche Weihnachten

Fröhliche Weihnachten

Fröhliche Weihnachten

Fröhliche Weihnachten

Fröhliche   *Weihnachten*

Fröhliche Weihnachten

Fröhliche   Weihnachten

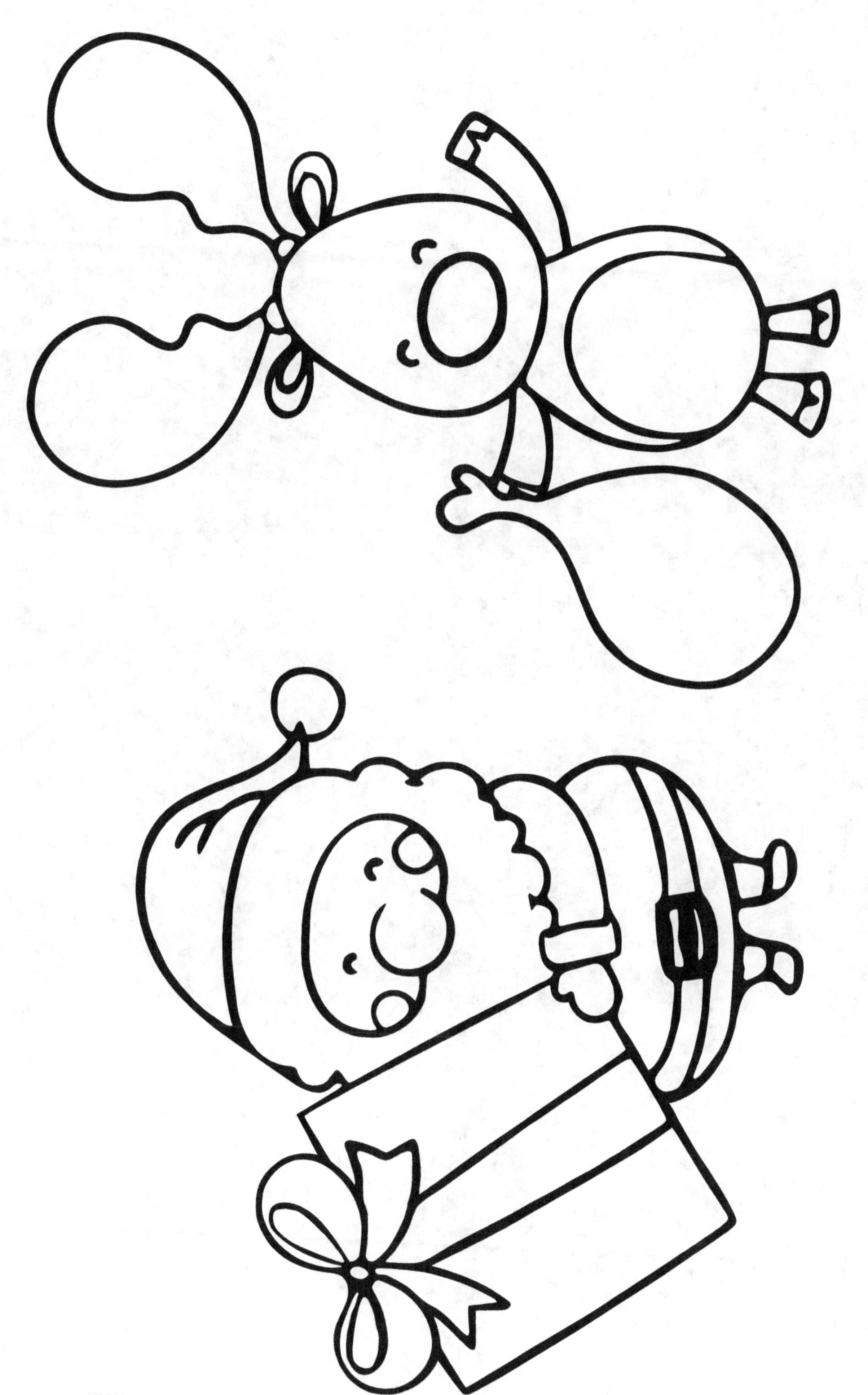

Fröhliche Weihnachten

Fröhliche Weihnachten